Schokolade
Süße Träume

Steven Wheeler

DUMONT

Die Deutsche Bibliothek - CIP Einheitsaufnahme
Schokolade: süsse Träume / Stephen Wheeler.
[Fotos: Kulbir Thandi]. - Köln: DuMont, 1995
ISBN 3-7701-3402-8
NE: Wheeler, Stephen; Thandi, Kulbir

Druck und buchbinderische Verarbeitung: Graphicom, Italien

INHALT

Die Geschichte der Schokolade

Einst bezeichnete man Schokolade als "Flüssiges Gold", und sie wurde als eine ganz besondere Kostbarkeit geschätzt.

Seit über viertausend Jahren wächst der Kakaobaum (Theobroma cacao) im Amazonas-Becken. Die Maya, die indianischen Ureinwohner Mexikos, kultivierten den Anbau von Kakao und bezahlten mit seinen Bohnen die Tribute an die von Süden

als Eroberer einfallenden Azteken. Diese glaubten, daß dem Kakao göttliche Eigenschaften innewohnten. Ihr Gott Quetzalcóatl hatte sie angeblich gelehrt, wie man aus den Kakaobohnen Schokolade herstellt. Schokolade spielte in ihren religiösen Zeremonien eine wichtige Rolle.

Der erste Europäer, der Schokolade kostete, war Christoph Kolumbus, aber das dunkle, bittere Getränk beeindruckte ihn nicht sonderlich. Erst 17 Jahre später brachte Hernando Cortez Kakaobohnen mit in die Alte Welt. Als er 1519 in Mexiko landete, bot ihm der Aztekische Herrscher Montezuma II. ein dunkles, würziges Getränk mit dem Namen Xocolatl an. Später beschrieb Cortez ein Bankett, bei dem etwa 50 große Schüsseln mit Kakao getrunken

wurden. Montezuma war demnach einer der ersten in einer langen Reihe von Schokoladenfans.

Die in Mexiko siedelnden Spanier fanden schnell Geschmack an diesem Getränk und fügten Zucker, Zimt und Vanille hinzu. In Spanien blieb es zunächst dem Hof vorbehalten, sein Rezept war nur den Mönchen bekannt, die mit seiner Herstellung betraut worden waren.

Die Popularität der Schokolade nahm in Europa jedoch beständig zu. Schokoladengeschäfte kamen in Mode. Das erste wurde 1657 in London eröffnet, schnell folgten die Gründungen ähnlicher Etablissements in allen großen europäischen Städten. Schokoladengeschäfte übten auf alle sozialen Schichten eine besondere Anziehungskraft aus.

Schokolade in Tafelform, wie wir sie kennen, gibt es erst seit der Industrialisierung Europas, als man Maschinen erfand, mit denen die Bohnen gemahlen werden konnten. Im Jahre 1828 revolutionierte das holländische Unternehmen Van Houten den Prozeß der Schokoladenherstellung, als es ihm gelang, Kakaobutter aus den Bohnen zu extrahieren, und somit ein weniger starkes und wohlschmeckenderes Getränk zu entwickeln. Der Erfinder der "eßbaren Schokolade" ist unbekannt. Nur soviel ist sicher: Im Jahre 1848 verkaufte J.S.Fry eine "chocolat délicieux à manger", zwei Jahre später bot die Firma Cadbury ein ähnliches Produkt an. Es sollte jedoch noch weitere 25 Jahre dauern, bis die Schweizer Fabrikanten Daniel Peter und Henri Nestlé die erste Milchschokolade auf den Markt brachten.

SCHOKOLADENMOUSSE

Ein Klassiker unter den Schokoladengerichten, das sich nach wie vor größter Beliebtheit erfreut - und dies nicht ohne Grund.

FÜR 4 PERSONEN

200 g Halbbitterschokolade, in Stücke gebrochen
3 Eier, getrennt
2 EL feiner Kristallzucker
300ml (1 1/4 Tassen) Sahne, locker geschlagen

Für die Dekoration:
150 ml (2/3 Tasse) Sahne, locker geschlagen
75 g Halbbitterschokolade, geraspelt (s. Seite 76)
Puderzucker

Die Schokolade in einer Schüssel über einem Topf mit leicht siedendem Wasser schmelzen. Das Eiweiß in eine große Rührschüssel geben.

Die geschmolzene Schokolade von der Kochstelle nehmen und die Eidotter hinzugeben. Das Eiweiß mit dem Zucker schlagen, bis sich cremige Blasen bilden. Die geschmolzene Schokoladenmasse in das geschlagene Eiweiß gießen und vorsichtig mit einem Metall-Löffel unterheben. Die geschlagene Sahne hinzufügen und ebenfalls gleichmäßig unterziehen.

Die Mousse auf vier Portionsschalen verteilen und mit Sahnehauben dekorieren, geraspelte Schokolade und einen Hauch gesiebten Puderzucker darübergeben.

40 Minuten kalt stellen, bis die Mousse fest geworden ist.

Puits d'Amour au Chocolat

Puits d'Amour, "Brunnen der Liebe": knusprige Blätterteighüllen mit einer himmlischen Schokoladencremefüllung und einem Überzug aus zerstoßenen Makronen.

Für 2 Personen
175 g fertiger Blätterteig
weiche Butter zum Einfetten

Für die Schokoladenfüllung:
2 Eier, getrennt
150 ml (2/3 Tasse) Milch
3 EL Mehl
75 g Halbbitterschokolade, geraspelt
2 EL feiner Kristallzucker
25 g zerstoßene Makronen

Eine geriffelte Soufflé-Form mit ca. 13 cm Durchmesser mit Butter einfetten. Den Blätterteig auf einer bemehlten Fläche ausrollen und die Form damit auslegen. Den überstehenden Rand abschneiden und den Boden mehrfach einstechen. Backpapier auf den Teigboden legen und die Form mit Backbohnen auffüllen. Den Teig 45 Minuten kalt stellen. Den Backofen auf 180 Grad vorheizen. Den Teigboden 20-25 Minuten backen.Für die Füllung die Eidotter in eine mittelgroße, das Eiweiß in eine große Schüssel geben. 3 EL Milch in die Schüssel mit dem Eigelb geben, das Mehl zufügen und zu einem glatten Teig verrühren. Den Rest der Milch mit der Schokolade zum Kochen bringen, die Eigelbmischung dazuschütten und alles gut verrühren. Vorsichtig aufkochen lassen und rühren, bis sie dick geworden ist. Den Topf zudecken und beiseite stellen.

Das Eiweiß sehr fest schlagen, den Zucker hinzufügen und weiterschlagen, bis die Masse steif ist. Einen Löffel der heißen Schokoladenmischung in das Eiweiß geben, dann den Rest unterheben. Die Schokoladenmasse in den vorgebackenen Teig geben. Abkühlen lassen. Die Schokoladencreme mit zerstoßenen Makronen dekorieren.

SCHOKOLADEN-KIRSCH-ROLLE

Eine Schokoladenrolle, üppig gefüllt mit Kirschen und mit einer Spirale aus Sahne.

FÜR 4 PERSONEN

Für den Teig:
3 Eier, zimmerwarm
75 g (1/3 Tasse) feiner Kristallzucker
3 EL gemahlene Mandeln, gesiebt
4 EL Kakao
1 EL Speisestärke

Für die Füllung:
650 g eingemachte schwarze Kirschen, entsteint
45 ml (3 EL) Maraschino oder Kirschwasser
300 ml (1 1/4 Tassen) Sahne
2 EL Vanillezucker
Puderzucker

Den Backofen auf 200 Grad vorheizen. Den Boden einer ca. 33 x 25 cm großen flachen Form mit Back-papier auslegen. Eier und Zucker in einer Schüssel schlagen, bis die Masse schaumig ist. Die gesiebten, gemahlenen Mandeln, Kakao und Speisestärke hinzufügen und vorsichtig mit einem Metall-Löffel unterheben. Die Masse in die vorbereitete Form geben, gleichmäßig verteilen und 10-12 Minuten backen, bis der Teig elastisch ist. Abkühlen lassen.

Die Kirschen abtropfen lassen und mit dem Alkohol tränken. Die Sahne mit dem Vanillezucker süßen und locker schlagen.

Einen Bogen Backpapier auf eine saubere Arbeitsfläche legen. Den Kuchenteig umgekehrt auf das Papier legen und das Papier vom Teigboden abziehen.

Die Sahne über den Teig verteilen und mit den Kirschen belegen. Um den Teig aufzurollen, die kürzere Seite des untergelegten Papierbogens anheben und den Teig vorsichtig aufrollen. Auf einem passenden Teller anrichten und mit Puderzucker bestreut servieren.

DER KAKAOBAUM

Die Grundsubstanz für die Schokoladenherstellung ist die dunkelbraune Bohne des Kakaobaumes.

Der Kakaobaum (Theobroma cacao, "Speise der Götter"), der ursprünglich in Südamerika heimisch war, wird heute in vielen tropischen Ländern kultiviert, vor allem jedoch in Westafrika. Die großen, ledrigen Früchte dieses Baumes enthalten bis zu 40 Bohnen, die man vor ihrem Transport zu den verschiedenen Schokoladenfabriken in aller Welt gären ("rotten") läßt und anschließend trocknet.

Die Bohnen werden geröstet, bevor man sie zerbricht und in kleine Stücke siebt, ein Prozeß, den man Schroten und Worfeln nennt. Die von Schale und Keimling befreiten kleinen Bohnenstückchen nennt man "Kakaobruch" bzw. "Kakaokernbruch", der in Spezialmühlen zur

"Kakaomasse" vermahlen wird. Zur Herstellung von Kakaopulver als Grundlage für Trinkkakao wird der Kakaobruch in Europa zuvor alkalisiert (Holländisches Verfahren), um sein Aroma und seine Farbe zu intensivieren. Die Kakaomasse enthält 55 bis 58 Prozent Kakaobutter.

KAKAOHERSTELLUNG

Kakaopulver wird hergestellt, indem man einen Teil der Kakaobutter aus der Kakaomasse preßt. Der feste Kakaokuchen, der nach dem Herauspressen übrig bleibt, wird dann zu Kakaopulver zermahlen.

Kakao hat einen intensiven, bitteren Geschmack und muß, bevor man ihn zu Getränken weiterverarbeiten kann, gesüßt werden. Da er Stärke enthält, sollte man ihn mit etwas kaltem Wasser oder Milch zu einem Brei verrühren, bevor man ihn in eine heiße Flüssigkeit gibt.

Um den Geschmack und die Bekömmlichkeit von Trinkschokolade zu verbessern, sollte man sie einige Minuten kochen lassen, bevor man sie leicht schaumig schlägt.

SCHOKOLADENHERSTELLUNG

Die Herstellungsverfahren für Schokolade basieren auf den verschiedenen Rezepten der einzelnen Unternehmen. In der Regel wird der Kakaomasse jedoch zusätzliche Kakaobutter und Zucker zum Süßen hinzugegeben. Durch Mahlen wird die Kakaomasse in einem sogenannten "Melangeur" weiter zerkleinert, es folgt das "Conchieren", bei dem die Masse mit steinernen oder gußeisernen Rollen weiter verrührt wird, damit sich unerwünschte ätherische Öle verflüchtigen. So kann sich der Schokoladengeschmack entwickeln, und die Zucker- und Kakaopartikel werden mit Kakaobutter umhüllt. Anschließend wird die Masse erhitzt und durch Abkühlen gehärtet, schließlich aromatisiert und nach Belieben geformt.

Schokolade zählte um 1700, mit Zucker gesüßt und mit Zimt und Vanille verfeinert, in Europa zu den beliebtesten Frühstücksgetränken. Es sind verschiedene Rezepte aus Frankreich und England überliefert. Echte Kakaoliebhaber besaßen sogar einen eigenen Topf für Schokolade, in dem der Kakao mit einer "Molinquet" oder einem Holzlöffel gequirlt wurde, damit sich Schaum bildete.

SCHOKOLADENMONTBLANC

Im kühlen Wasser des Genfer Sees spiegelt sich ein hoher, schneebedeckter Berg, der Montblanc. Unser Montblanc besteht aus Kastaniencreme, Kirschwasser und Meringe (Baiser), der Gipfel sind dunkle Schokoladenröllchen.

FÜR 4 PERSONEN

Für die Kastaniencreme:
75 ml (1/3 Tasse) Wasser
2 EL feiner Kristallzucker
75 g Halbbitterschokolade, gehackt
75 g gesüßtes Kastanienpüree
15 ml (1 EL) Kirschwasser
300 ml (1 1/4 Tassen) Sahne, locker geschlagen

Für den Boden:
4 Löffelbiskuits
45 ml (3 EL) Kirschwasser
4 vorgefertigte Meringe-Scheiben

Für die Dekoration:
Schokoladenröllchen

Das Wasser mit dem Zucker in einem kleinen Topf zum Kochen bringen, ständig rühren, damit sich der Zucker auflöst. Den Topf von der Kochstelle nehmen, die Schokolade dazugeben und rühren, bis diese geschmolzen ist. Danach die Masse abkühlen lassen.

Das Kirschwasser in das Kastanienpüree rühren und die Hälfte der locker geschlagenen Sahne unterziehen. Die restliche Sahne in die kalte Schokoladenmischung rühren.

Das Kastanienpüree in die linke Hälfte einer Spritztüte geben, die Schokoladenmasse in die rechte.

Die Löffelbiskuits mit dem Kirschwasser tränken und diese auf die 4 Meringe-Scheiben verteilen.
Die Creme bergförmig über die Löffelbisquits spritzen und anschließend mit Schokoladenröllchen dekorieren.

SCHOKOLADEN-HONIG-KUCHEN

Honig und Gewürze geben diesen hübschen, herzförmigen Kuchen Süße und ein einzigartiges Aroma - mit dunkler Schokolade überzogen, wecken sie ungeahnte Leidenschaften.

FÜR 4 PORTIONEN

150 g (1 1/4 Tassen) weißes Mehl
75 g (2/3 Tasse) Roggenmehl
1 1/2 TL Natron (Natriumbikarbonat)
1/2 TL Salz
1/2 TL Anissamen
1/2 TL gemahlener Zimt
1/2 TL gemahlener Koriander
1 TL Senfkornpulver
1/4 TL gemahlener Piment
1/4 TL gemahlener Muskat
225 g (2/3 Tasse) klarer Honig
50 g weißes Marzipan, gehackt
50 ml (1/4 Tasse) Wasser
3 Eigelb
300 g Halbbitterschokolade, in Stücke gebrochen

Den Backofen auf 160 Grad vorheizen. Eine ca. 23 x 23 cm große Kastenform mit Backpapier auslegen und beiseite stellen. Die beiden Mehlsorten, das Natron und das Salz in eine Schüssel sieben.

Den Anissamen in einem Mörser zerstoßen, die anderen Gewürze hinzufügen und mit dem Mehl mischen. Den Honig in einem Topf mit leicht siedendem Wasser 3-4 Minuten anwärmen. Den Honig, das Marzipan, Wasser und Eigelb zur Mehlmischung geben und alles zu einem festen Teig verkneten.

Den Teig in die vorbereitete Kuchenform geben und den Kuchen 40-50 Minuten backen, bis er sich elastisch anfühlt. Den Kuchen aus der Form nehmen und auf einem Kuchengitter abkühlen lassen.

Den Kuchen auf eine glatte Fläche legen und 4 Herzformen ausschneiden. Die Schokolade in einem Topf über leicht siedendem Wasser schmelzen. Dann die Schokolade nach dem Rezept auf Seite 77 härten. Ein Tablett mit

einem Stück Backpapier auslegen. Jeweils ein Honigkuchen-Herz auf eine Pralinengabel spießen und mit einem Löffel die zerlassene Schokolade darübergeben. Mit der Gabel gegen die Topfwand klopfen, damit sich die Schokolade gleichmäßig auf dem Kuchen verteilt. Die Kuchen auf dem vorbereiteten Tablett trocknen lassen. (Im Sommer kühl aufbewahren.)

Petits pots de chocolat

(Schokoladentöpfchen)

Diese verführerische Dessertcreme ist wegen der üppigen Verwendung von dunkler Schokolade und Sahne besonders gehaltvoll.

FÜR 8 PORTIONEN

600 ml (2 1/2 Tassen) Sahne
4 Eigelb
1 Ei
50 g (1/4 Tasse) feiner Kristallzucker
45 ml (3 EL) Wasser
225 g Halbbitterschokolade, in Stücke gebrochen

Den Backofen auf 180 Grad vorheizen. Acht ofenfeste Schälchen oder Soufflé-Förmchen mit je ca. 75 ml Fassungsvermögen in einer Grillpfanne anordnen und zur Seite stellen.

Die Sahne in einem schweren, mit Wasser ausgespülten Topf (damit sie nicht ansetzt) zum Kochen bringen. Die 3 Eigelb, das ganze Ei und 25 g Zucker in einen Topf geben. Die heiße Sahne dazuschütten und sorgfältig verrühren. Das Wasser und den restlichen Zucker in einen kleinen Topf geben, unter ständigem Rühren zum Kochen bringen, damit sich der Zucker auflöst. Den Topf von der Kochstelle nehmen, die Schokolade dazugeben und solange rühren, bis diese sich aufgelöst hat. Dann das verbliebene Eigelb unterrühren.

Die geschmolzene Schokoladenmasse mit der Sahnecreme verrühren, diese Mischung in eine Kanne seihen und damit die vorbereiteten Schälchen bis zum Rand füllen. Die Grillpfanne zur Hälfte mit kochendem Wasser füllen und die Schokoladentöpfchen 25-30 Minuten lang backen. Auskühlen lassen. Vor dem Servieren kalt stellen.

Gefallener Engel

Dunkle Schokolade verträgt sich ausgezeichnet mit dem weichen Fleisch von Feigen - eine Verbindung, die den Himmel auf Erden erahnen läßt.

Für 4-6 Personen
2 Eier, zimmerwarm
50 g (1/4 Tasse) feiner Kristallzucker
2 EL Mehl
2 EL Speisestärke
4 EL Himbeergelee

Für die Füllung:
250 g Halbbitterschokolade, in Stücke gebrochen
45 ml (3 EL) Sahne
60 ml (4 EL) Grand Marnier
25 g (2 EL) Orangeat, gehackt
25 g (1/4 Tasse) Amaretti, zerstoßen
8 frische Feigen

Den Backofen auf 220 Grad vorheizen. Den Boden einer ca. 33 x 25 cm großen flachen Form einfetten und mit Backpapier auslegen.

Eier und Zucker schaumig schlagen. Das Mehl und die Stärke auf die Eimasse sieben und vorsichtig mit einem Metall-Löffel unterziehen.

Die Masse in die vorbereitete Form geben und gleichmäßig verteilen. Den Teig 10-12 Minuten backen, bis er elastisch ist. Anschließend den Kuchen auskühlen lassen.

Für die Füllung die Schokolade in einer Schüssel über einem Topf mit leicht siedendem Wasser schmelzen. Die Sahne sowie den Grand Marnier hinzufügen und verrühren. Die Schokoladenmasse auskühlen lassen.

Eine Quiche-Form mit ca. 18 cm Durchmesser auf ein mit Backpapier ausgelegtes Backblech stellen und mit Backpapier auskleiden. Das Papier vom abgekühlten Kuchenteig entfernen. Aus dem Teig ein kreisrundes Stück herausschneiden, das 2 cm kleiner ist als die Quiche-Form, und dieses in die Form legen.

Den restlichen Kuchen in 4 cm breite Streifen schneiden. Die Streifen mit Himbeergelee aufeinanderkleben, bis sie geschichtet 4 cm hoch sind. Die Streifen im Gefrierfach 1 Stunde lang fest werden lassen. Die Streifen in 5 mm dicke Scheiben schneiden. Die Quiche-Form am Rand entlang mit den Teigscheiben auslegen, abwechselnd quer und hochkant. Wenn die Schokoladenmischung abgekühlt ist, die zerstoßenen Amaretti und das Orangeat unterrühren und die Mischung auf den Teig in den Quiche-Ring geben. Den Kuchen kalt stellen und vor dem Servieren mit Stücken der frischen Feigen dekorieren.

Schokoladensorten

Es gibt eine unendliche Vielfalt von Schokoladensorten für jeden Geschmack und Verwendungszweck.

Schokolade wird danach klassifiziert, ob und wieviel Zucker der Kakaomasse zugesetzt wurde und ob sie Milch enthält. Jeder Schokoladenfreund weiß jedoch, daß sich die verschiedenen Marken sehr stark unterscheiden, und jeder hat seine Lieblingssorte, auf die er schwört. Je nach Rezept werden die Bohnen unterschiedlich behandelt und die Zutaten entsprechend gemischt. Geschmack und Beschaffenheit der Schokolade hängen auch von der Dauer des Röstens, des Mahlens und des Conchierens ab. Europäische und besonders die Schweizer Schokolade wird in der Regel 96 Stunden lang gerührt, wodurch ihre charakteristische samtig-weiche Konsistenz entsteht. Amerikanische Schokolade wird nur etwa vier bis fünf Stunden gerührt.

Ungesüsste (reine) Schokolade

Diese Schokolade besteht aus Kakaomasse, der nur wenig Kakaobutter zugesetzt wurde. Sie ist nicht einfach zu beziehen, kann aber bei speziellen Unternehmen bestellt werden. Diese Sorte eignet sich vorzüglich für die Verwendung in der Küche.

Kakao

Kakao besteht aus reiner Kakaomasse, der etwa zwei Drittel der Kakaobutter entzogen wurden. Der größte Teil des europäischen Kakaos wird nach dem

Holländischen Verfahren hergestellt, das heißt, er wird mit einem milden Alkali behandelt, um seinen Geschmack zu verfeinern.

Einfache oder dunkle Schokolade

(Bitter- oder Halbbitterschokolade)

Diese Schokolade besteht aus reiner Kakaomasse, der Zucker und zusätzlich Kakaobutter hinzugefügt wurde. Je höher der Anteil an festen Kakaostoffen (Kakaomasse und Kakaobutter) ist, um so besser ist die Qualität der Schokolade. Schweizer, französische und belgische Schokolade weisen normalerweise einen hohen Anteil an festen Kakaostoffen auf. "Einfache" englische Schokolade ist bei einem Mindestanteil von 34 Prozent fester Kakaostoffe weniger aromatisch.

Kuvertüre

Kuvertüre ist eine qualitativ hochwertige Konditoreischokolade. Durch ihren hohen Anteil an Kakaobutter wird sie sehr dünnflüssig, weshalb sie sich ideal für Überzüge und Dekorationen eignet.

Milchschokolade

Milchschokolade wird ähnlich wie dunkle Schokolade hergestellt, enthält jedoch weniger Kakaomasse und statt dessen Kondens- oder Trockenmilch. Im Geschmack ist sie sehr viel süßer und milder als dunkle Schokolade.

Weiße Schokolade

Weiße Schokolade enthält zwar keine Kakaomasse, jedoch bis zu 30 Prozent Kakaobutter sowie Milch, Zucker und Aromastoffe, weshalb man sie durchaus als "echte" Schokolade bezeichnen kann. Sie ist grundsätzlich sehr süß.

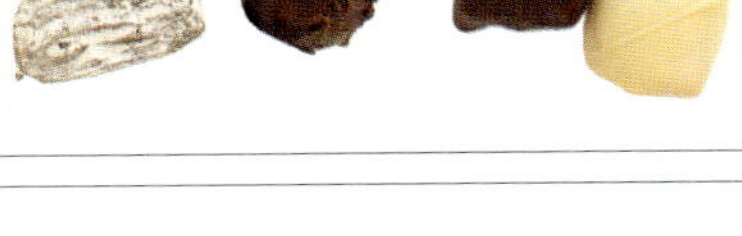

Gâteau Opéra

Der Genuß eines Abends in der Oper ist mit dem dieser verführerischen Komposition aus dunkler Schokolade, Kaffeecreme und Biskuitteig vergleichbar. Als Krönung wird der Kuchen mit Blattgold veredelt.

FÜR 4-6 PERSONEN
2 Eier, zimmerwarm
50g (1/4 Tasse) feiner Kristallzucker
2 EL Speisestärke
3 EL gemahlene Mandeln
3 EL Kakao

Für die Schokoladenfüllung:
250 ml Sahne
115 g (1/2 Tasse) feiner Kristallzucker
275 g Halbbitterschokolade, in Stücke gebrochen
15 ml (1 EL) Cognac

Für die Kaffeecremefüllung:
250 ml (1 Tasse) Sahne
115 g (1/2 Tasse) feiner Kristallzucker
275 g weiße Schokolade, in Stücke gebrochen
1 EL starker schwarzer Kaffee
300 g Halbbitterschokolade
Blattgold (nach Belieben)

Den Backofen auf 220 Grad vorheizen. Den Boden einer ca. 30 cm langen quadratischen Kuchenform mit Backpapier auslegen. Eier und Zucker schaumig schlagen. Stärkemehl, Mandeln und Kakao darübersieben und vorsichtig unterziehen. Die Masse in die vorbereitete Kuchenform füllen und 10-12 Minuten backen, bis der Teig elastisch ist. Abkühlen lassen.

Für die Schokoladenfüllung einen Topf mit Wasser ausspülen, Sahne und Zucker zum Sieden bringen. Topf von der Kochstelle nehmen, Schokolade und Cognac hinzufügen und rühren, bis die Schokolade geschmolzen ist. Abkühlen und fest werden lassen.

Für die Kaffeecremefüllung einen Topf mit Wasser ausspülen, Sahne und Zucker zum Sieden bringen. Topf von der Kochstelle nehmen, Schokolade hinzufügen und rühren, bis sie ge-

schmolzen ist. Den Kaffee unterrühren, dann abkühlen und fest werden lassen.

Den Teig in 4 dünne Böden schneiden. Mit Hilfe der Füllung wieder aufeinandergeschichten. Die oberste Schicht sollte aus Schokoladencreme bestehen. Den Kuchen 30-40 Minuten lang kalt stellen. Die Schokolade härten (s. S. 77). Die Seiten des Kuchens abschneiden. Den Kuchen mit der geschmolzenen Schokolade überziehen. Die Oberfläche (nach Belieben) mit Blattgold schmücken.

SCHWARZWÄLDER KIRSCHTORTE

Eine Köstlichkeit, bestehend aus übereinandergeschichteten Lagen von Biskuitteig, Schokolade, Sahne, Kirschen und Kirschwasser sowie einem Überzug aus Schokoladenraspeln.

FÜR 4 PERSONEN
weiche Butter zum Einfetten
2 Eier, zimmerwarm
50 g (1/4 Tasse) feiner Kristallzucker
2 EL Mehl
2 EL Kakao
2 EL gemahlene Mandeln
1/2 TL Salz
200 g eingemachte schwarze Kirschen, entsteint und abgetropft
60 ml (4 EL) Kirschwasser
450 ml Sahne
2 EL Vanillezucker
225 g Halbbitterschokolade, geraspelt
4-6 frische schwarze Kirschen
Puderzucker

Den Backofen auf 190 Grad vorheizen. Eine hohe, runde Kuchenform mit ca. 15 cm Durchmesser einfetten. Den Boden mit Backpapier auslegen, die Seitenwände mit Mehl bestäuben. Die Eier mit dem Zucker schaumig schlagen. Das gesiebte Mehl, Kakao, Mandeln und Salz hinzufügen und unterziehen. Die Masse in die Kuchenform geben und 25 Minuten backen. Den Kuchen auf einem Gitter auskühlen lassen. Kirschen mit Kirschwasser tränken. Sahne mit Vanillezucker locker schlagen. Den Teig in 3 Böden schneiden. Ein Drittel der Sahne beiseite stellen. Untersten Teigboden mit dem Kirschwasser der Kirschen tränken. Mit Sahne bestreichen und einige Kirschen darauf verteilen. Zweiten Boden darüberlegen, befeuchten und Sahne sowie Kirschen daraufgeben. Abschließenden Boden und die Seiten des Kuchens mit Sahne bestreichen, Schokoladenraspel darüberstreuen, mit Puderzucker bestäuben. Die restliche Sahne auf den Kuchen spritzen und mit frischen Kirschen dekorieren.

Sachertorte

Die erste Sachertorte wurde 1832 von Franz Sacher für den Wiener Diplomaten Metternich gebacken.

Für 6-8 Personen
weiche Butter zum Einfetten
175 g Halbbitterschokolade
75 g weiche Butter
75g weißes Marzipan, angewärmt
4 Eier, getrennt
30 ml (2 EL) Grand Marnier
50 g (1/4 Tasse) feiner Kristallzucker
50 g (1/2 Tasse) Mehl
1/4 TL Salz
90 ml (6 EL) Himbeergelee

Für die Dekoration:
100 g weißes Marzipan
45 ml (3 EL) Wasser
4 EL feiner Kristallzucker
175 g Halbbitterschokolade

Den Backofen auf 180 Grad vorheizen. Eine runde Kuchenform mit losem Boden und ca. 23 cm Durchmesser einfetten. Den Boden mit Backpapier auslegen, die Seitenwände mit Mehl bestäuben. Die Schokolade in einer Schüssel über einem Topf mit siedendem Wasser schmelzen. Butter und Marzipan miteinander vermengen, die Eidotter und Grand Marnier hinzufügen. Das Eiweiß fest schlagen, nach und nach den Zucker hinzufügen und weiterschlagen, bis das Eiweiß steif ist. Mehl und Salz auf das Eiweiß sieben und vorsichtig unterziehen.

Die geschmolzene Schokolade in die Butter-Marzipan-Eigelb-Masse rühren, dann das geschlagene Eiweiß unterziehen. Den Teig in die vorbereitete Form geben und 30 Minuten backen. Den Kuchen auf ein Kuchengitter legen. Wenn er abgekühlt ist, Papier abziehen, den Kuchen in zwei Böden zerschneiden und diese mit Himbeergelee dazwischen wieder aufeinanderlegen. Den Kuchen mit der Oberseite nach unten in die Kuchenform legen und die ebene Seite mit Himbeergelee bestreichen.

Das Marzipan zu einem Kreis mit 23 cm Durchmesser ausrollen und diesen auf den Himbeergelee legen. Den Kuchen auf ein Kuchengitter setzen. Für die Glasur Wasser und Zucker in einem kleinen Topf zum Sieden bringen. Topf von der Kochstelle nehmen, 150 g der Schokolade hinzugeben und unter Rühren schmelzen. Die Glasur mit einem breiten Spachtel über den Kuchen verstreichen. Die restliche Schokolade schmelzen, mit 1-2 Tropfen kaltem Wasser andicken und mit einer Spritztüte "Sacher" schreiben.

SCHOKOLADEN-KÄSEKUCHEN

Eine unwiderstehliche und absolut köstliche Komposition. Ein Traum für jeden Schokoladenliebhaber.

FÜR 4-6 PERSONEN

40 g (3 EL) Butter
75 g Vollkornkekse (Graham-Cracker), zerbröselt
75 ml (1/3 Tasse) Sahne
225 g Halbbitterschokolade, in Stücke gebrochen
30 ml (2 EL) dunkler Rum
450 g halbfetter Frischkäse
2 Eier
2 EL feiner Kristallzucker
2 EL klarer Honig
2 TL Mehl
3 EL Kakao
weiße und dunkle Schokoladenröllchen (s. Seite 76)

Den Backofen auf 180 Grad vorheizen. Eine Springform mit ca. 15 cm Durchmesser einfetten und den Boden mit Backpapier auslegen. Die Butter in einem Topf schmelzen, dann die Keksbrösel einrühren. Diese auf dem Boden der Kuchenform verteilen und mit der Rückseite eines Löffels fest andrücken.

Einen kleinen Topf mit kaltem Wasser ausspülen, die Sahne hineingeben und zum Sieden bringen. Den Topf von der Kochstelle nehmen, die Schokolade hinzufügen und rühren, bis diese geschmolzen ist, anschließend den Rum einrühren.

In einer Schüssel Käse, Eier, Zucker und Honig miteinander verrühren. Das gesiebte Mehl und den Kakao hinzufügen, dann die geschmolzene Schokolade unterziehen und die Masse gut verrühren.

Die Masse in die vorbereitete Kuchenform geben, diese auf ein Backblech stellen und den Kuchen 50 Minuten lang backen. Den Kuchen auskühlen lassen, anschließend mit weißen und schwarzen Schokoladenröllchen dekorieren.

Ganache Bar

Eine verführerische Kombination aus dunkler Schokolade und Sahne für den Überzug und die Füllung eines leichten Biskuitteigs machen dieses Gebäck zu einem himmlischen Vergnügen.

FÜR 6-8 PERSONEN

Für den Teig:
2 Eier, zimmerwarm
50 g (1/4 Tasse) feiner Kristallzucker
2 EL Speisestärke
3 EL gemahlene Mandeln
3 EL Kakao

Für die Füllung:
300 ml (1 1/4 Tassen) Sahne
115 g (1/2 Tasse) feiner Kristallzucker
275 g Halbbitterschokolade, in Stücke gebrochen

Für die Dekoration:
2 EL Kakao
1 EL Puderzucker

Den Backofen auf 220 Grad vorheizen. Den Boden einer ca. 30 cm langen quadratischen Kuchenform mit Backpapier auslegen. Eier und Zucker schaumig schlagen. Die Speisestärke, die gemahlenen Mandeln und den Kakao darüber sieben und vorsichtig mit einem Metall-Löffel unterheben.

Den Teig in die vorbereitete Kuchenform geben, verstreichen und 10-12 Minuten backen, bis er elastisch ist. Anschließend auskühlen lassen.

Für die Füllung einen Topf mit kaltem Wasser ausspülen, Sahne und Zucker hineingeben und zum Sieden bringen. Den Topf von der Kochstelle nehmen, die Schokolade hinzufügen und rühren, bis sie geschmolzen ist. Auskühlen und fest werden lassen.

Den Kuchen umdrehen, das Papier entfernen und den Kuchen in drei gleich breite Streifen schneiden. Diese mit einer großzügigen Portion der Füllung wieder zusammenkleben, dann die Oberseite und die Seiten des Kuchens mit der Schokoladenmasse bestreichen.

Die restliche Füllung in eine Spritztüte mit einer Öffnung von 1 cm Durchmesser geben und damit die Oberseite des Kuchens mit einem Ornament nach freier Wahl verzieren. Wenn die Füllung zu fest geworden ist, vorsichtig anwärmen und noch einmal umrühren, damit sie wieder weich wird. Kakaopulver und Puderzucker vermischen und über den Kuchen stäuben.

TIRAMISU MIT SCHOKOLADE

Dieses italienische Dessert ist eine Sünde wert. Schwarzer Kaffee und Marsala, Mascarpone, Schokolade und Löffelbiskuits: Schon die Zutaten machen neugierig.

FÜR 4 PERSONEN

8 Löffelbiskuits
150 ml (2/3 Tasse) starker Espressokaffee
75 ml (4 EL) Marsala
2 Eier
2 EL feiner Kristallzucker
225 g Mascarpone

Für die Dekoration:
50 g Halbbitterschokolade, geraspelt (s. Seite 76)
Kakaopulver, gesiebt

Die Löffelbiskuits in kleine Stücke zerbrechen und auf 4 Dessertschalen verteilen. Den Kaffee mit dem Marsala verrühren und die Löffelbiskuits damit tränken.

Eier und Zucker schaumig schlagen und einen Löffel unter den Mascarpone rühren, damit er sämiger wird, dann den Rest unterziehen.

Die Mascarponemischung über die getränkten Löffelbiskuits geben und die Schälchen mit Schokoladenraspeln dekorieren. Mit dem gesiebten Kakao überstäuben. Über Nacht oder vor dem Servieren einige Stunden kalt stellen.

Schokoladenmarquise

Die Marquise des Schokoladen - Adels, elegant und luxuriös.

Für 4 Personen
weiche Butter zum Einfetten
2 Eier, zimmerwarm
50 g (1/4 Tasse) feiner Kristallzucker
3 EL Mehl
1 EL Speisestärke
2 EL Kakao

Für die Füllung:
150 g Halbbitterschokolade
2 Eier, getrennt
30 ml (2 EL) dunkler Rum
2 EL feiner Kristallzucker
200 ml Sahne, leicht geschlagen

Für die Dekoration:
225 g Halbbitterschokolade
50 g weiße Kuvertüre

Den Backofen auf 190 Grad vorheizen. Eine Kuchenform mit losem Boden und ca. 18 cm Durchmesser einfetten. Den Boden mit Backpapier auslegen, die Seitenwände mit Mehl bestäuben. Eier und Zucker in einer Schüssel verschlagen, bis die Mischung dickflüssig wird. Das gesiebte Mehl, die Speisestärke und den Kakao hinzufügen. Den Teig 25 Minuten backen. Auskühlen und in 2 Böden zerschneiden. Die Wand der Form mit Backpapier auskleiden und einen Boden des Kuchens in die Form legen (der zweite wird nicht mehr benötigt).

Für die Füllung die Schokolade schmelzen. Das Eigelb und den Alkohol in die geschmolzene Schokolade rühren. Das Eiweiß schlagen, bis es steif ist, den Zucker hinzufügen und weiter schlagen, bis das Eiweiß Blasen wirft. Einen Löffel des Eiweißes in die Schokoladenmasse rühren, diese anschliessend unter das Eiweiß heben. Die Sahne unterziehen und die Masse in die Kuchenform geben. Kalt stellen.

Für die Dekoration die Schokolade härten (s. S. 77). Eine Hälfte der Schokolade auf eine glatte Arbeitsfläche

schütten. Den Rest flüssig halten. Die Marquise aus der Kuchenform nehmen. Die Schokolade, bevor sie ganz fest ist, in breite Streifen schneiden und diese auf die Schokoladencreme legen. Die weiße Schokolade schmelzen und mit einer Spritztüte eine Wellenlinie aus weißer Schokolade auf einen 6 cm breiten Streifen Pastikfolie spritzen. Eine gleichmäßige Schicht geschmolzener Halbbitterschokolade darüberstreichen. Wenn die Schokolade fast hart ist, den Plastikstreifen an den Enden hochheben und um die Marquise winden. Wenn die Schokolade hart ist, die Plastikfolie entfernen.

SCHOKOLADEN-HASELNUSS-MERINGE

Vergessen Sie all Ihre Diätpläne, und lassen Sie sich verführen.

FÜR 4-6 PERSONEN

2 Eiweiß, zimmerwarm
115 g (1/2 Tasse) feiner Kristallzucker
15 g Haselnüsse, geröstet
2 TL Kakao
4 EL Schokoladen-Haselnuß-Creme
1 EL kochendes Wasser
300 ml Sahne, leicht geschlagen

Für die Dekoration:
150 g (2/3 Tasse) feiner Kristallzucker
Blattgold (nach Belieben)
kleine Schokoladenröllchen

Den Backofen auf 120 Grad vorheizen. Zwei große Backbleche mit braunem Papier auslegen, dieses mit Backpapier bedecken. Auf das Backpapier vier Kreise mit 13 cm Durchmesser zeichnen. Das Eiweiß steifschlagen. Nach und nach den Zucker zugeben, bis das Eiweiß fest und glänzend ist. Die gehackten Haselnüsse und den Kakao unterheben. Die Masse auf die vorgezeichneten Kreise verteilen und 2-3 Stunden backen. Die Schokoladen-Haselnuß-Creme mit dem Wasser verrühren, Sahne zufügen. Wenn die Baisers trocken sind, auskühlen lassen und mit der Cremefüllung zusammenkleben.

Zwei Eßlöffel Zucker in einen schweren Topf geben und bei mittlerer Hitze unter Rühren schmelzen lassen. Nach und nach den restlichen Zucker zugeben, bis er geschmolzen ist. Die Zuckermasse ständig in Bewegung halten. Wenn der Zucker leicht karamelisiert ist, den Boden des Topfes in ein Becken mit kaltem Wasser stellen. Eine Gabel in den Zucker tauchen und Zuckerfäden um ein Nudelholz wickeln. Den gesponnenen Zucker auf ein Tuch legen und um die Baisers wickeln. Mit Blattgold und Schokoladenröllchen dekorieren.

Schokoladenbombe

Schichten aus weißer und dunkler Schokolade umhüllen ein Herz aus Amaretti-Mascarpone-Creme. Die gefrorene Bombe braucht eine gewisse Zubereitungszeit, deshalb sollte sie im voraus zubereitet werden.

Für 6-8 Personen

Für die Pâte à Bombe:
3 Eigelb
75 g (1/3 Tasse) feiner Kristallzucker
1 EL Wasser

Für den Teig:
3 Eier
75 g (1/3 Tasse) feiner Kristallzucker
2 EL Speisestärke
3 EL gemahlene Mandeln
4 EL Kakao

Für die äußere Schicht:
1 EL feiner Kristallzucker
30 ml (2 EL) kochendes Wasser
150 g weiße Schokolade
15 g Maraschino-Kirschen, geviertelt
15 g ungesalzene Pistazienkerne, geschält
300 ml Sahne, locker geschlagen

Für die zweite Schicht:
1 EL feiner Kristallzucker
45 ml (3 EL) kochendes Wasser
115 g Halbbitterschokolade, in Stücke gebrochen
15 g (2 EL) Rosinen
100 ml Sahne, locker geschlagen

Für den Kern:
25 g Amaretti, in Stückchen gebrochen
125 g Mascarpone
30 ml (2 EL) Maraschino oder Kirschwasser

Für die Dekoration:
150 ml (2/3 Tasse) Sahne, steif geschlagen

Für die Pâte à Bombe das Eigelb in einer großen Schüssel dickflüssig

und schaumig schlagen. Den Zucker und das Wasser in einen kleinen, schweren Topf geben und erhitzen, bis der Zucker schmilzt, dann mit Hilfe eines Zuckerthermometers bei 116 Grad kochen lassen. Das Eigelb noch einmal schlagen, vorsichtig den kochenden Zucker zugeben und weitere 2-3 Minuten glattschlagen. Die Masse in zwei Portionen zu 50 g und 25 g trennen und in zwei Schüsseln geben.

Für den Teig den Backofen auf 200 Grad vorheizen. Eine ca. 33 x 25 cm große Biskuitform mit Backpapier auslegen. Eier und Zucker dick und schaumig schlagen. Die trockenen Zutaten hinzufügen und unterheben. Den Teig in die Kuchenform geben und 10-12 Minuten backen. Auskühlen lassen.

Für die äußere Schicht eine ca. 1 Liter fassende Bombenform im Gefrierschrank vorkühlen. Den Zucker im kochenden Wasser auflösen, die Schokolade zugeben und rühren, bis die Schokolade geschmolzen ist. Kirschen und Pistazien hinzufügen und auskühlen lassen. Die geschlagene Sahne zugeben und vorsichtig die 50 g der Pâte à Bombe unterziehen. Die Masse mit der Rückseite eines Löffels in der Bombenform verstreichen, so daß eine glatte Fläche entsteht. Zwei Stunden ins Tiefkühlfach stellen.

Für die zweite Schicht den Zucker im kochenden Wasser auflösen, die Schokolade hinzugeben und rühren, bis die Schokolade geschmolzen ist. Die Rosinen hinzugeben, auskühlen lassen. Die geschlagene Sahne hinzufügen und die 25 g der Pâte à Bombe unterziehen. Die Masse auf die erste Schicht in der Bombenform geben und 2 Stunden ins Tiefkühlfach stellen.

Für den Kern die Amaretti mit dem Mascarpone verrühren, mit dem Alkohol tränken und mit einem Löffel in die Vertiefung der Masse geben. Einen Kreis aus dem Teig schneiden und damit die Vertiefung in der Mitte bedecken. Eine Stunde ins Tiefkühlfach stellen.

Für die Dekoration den Boden der Form einige Sekunden in heißes Wasser tauchen und die gefrorene Masse auslösen. Die Oberfläche des restlichen Schokoladenteigs abschneiden und fein würfeln. Die Bombe mit der geschlagenen Sahne überziehen und servieren.

DEVIL'S FOOD CAKE

Ein passender Name für einen so verführerischen und sündhaft gut schmeckenden Schokoladenkuchen.

FÜR 4-6 PERSONEN

Für den Kuchen:
weiche Butter zum Einfetten
75 ml (1/3 Tasse) Wasser
1 EL klarer Honig
75 g Halbbitterschokolade
150 g weiche Butter
175 g (3/4 Tasse) feiner Kristallzucker
3 Eier, getrennt
115 g Mehl
1/2 TL Backpulver
6 EL Kakao

Für die Glasur:
150 ml (2/3 Tasse) Sahne
175 g Halbbitterschokolade
1 EL feiner Kristallzucker
75 g weiche Butter

Den Backofen auf 180 Grad vorheizen. Eine ca. 20 cm lange flache Form gut mit Butter einfetten. Das Wasser mit dem Honig zum Kochen bringen. Den Topf von der Kochstelle nehmen und die Schokolade einrühren. Die Butter und 150 g Zucker miteinander vermischen. Die Eidotter, das mit dem Backpulver vermischte, gesiebte Mehl und den Kakao hinzufügen und in die Schokoladenmasse rühren.

Das Eiweiß steif schlagen. Mit dem restlichen Zucker weiterschlagen, bis es fest und glänzend ist. Unter die Schokoladenmasse ziehen, 40 Minuten backen. Den Kuchen vor dem Lösen aus der Form 10-15 Minuten abkühlen lassen, dann ganz auskühlen kassen.

Für die Glasur die Sahne in einem kleinen Topf zum Sieden bringen. Dann den Topf von der Kochstelle nehmen, die Schokolade, den Zucker sowie die Butter hinzugeben und rühren, bis die Schokolade geschmolzen ist. Die Glasur auf den Kuchen schütten und gleichmäßig verstreichen. Anschließend die Glasur trocknen lassen.

SCHOKOLADENPUDDING

Dieser Pudding ist nichts für kalorienbewußte Zögerlinge! Ein Löffel führt unweigerlich zum nächsten und zum nächsten und zum nächsten...

FÜR 4 PERSONEN

Für den Pudding:

weiche Butter zum Einfetten
150 g Halbbitterschokolade
45 ml (3 Eßlöffel) dunkler Rum
4 Eier, getrennt
115 g (1/2 Tasse) feiner Kristallzucker
75 g gemahlene Mandeln
75 g (1 1/2 Tassen) frische Weißbrotbrösel
50 g Vanille-Fondant, gewürfelt

Für die Sauce:

150 ml (2/3) Tasse Sahne
1 Eßlöffel feiner Kristallzucker
175 g Halbbitterschokolade

Eine 900 ml fassende Puddingform mit Butter einfetten und beiseite stellen. Die Schokolade in einer großen Schüssel über einem Topf mit leicht siedendem Wasser schmelzen. Den Rum und die Eigelb unterrühren. Die Eiweiß in einer anderen großen Schüssel steif schlagen, dann nach und nach den Zucker zufügen und weiterschlagen, bis das Eiweiß fest und glänzend ist. Die gemahlenen Mandeln, die Weißbrotbrösel und den Vanille-Fondant verrühren, die Mischung unter das steife Eiweiß heben. Einen Löffel dieser Mischung in die geschmolzene Schokolade geben, anschließend den Rest mit einem Metall-Löffel unterziehen.

Die Masse in die gebutterte Puddingform füllen, die Oberfläche mit Backpapier abdecken, die Schüssel mit Alufolie dicht verschließen. Die Puddingform in einen Kochtopf stellen, der halb mit leicht siedendem Wasser gefüllt ist, zudecken und den Pudding 1 Stunde und 20 Minuten im Dampfbad gar werden lassen.

Falls nötig, das Wasser im Kochtopf nachfüllen.

Für die Sauce einen Topf mit kaltem Wasser ausspülen. Sahne und Zucker zum Sieden bringen. Den Topf von der Kochstelle nehmen, die Schokolade dazugeben und rühren, bis diese geschmolzen ist. Den Pudding auf einen Servierteller stürzen und mit der heißen Schokoladensauce servieren.

Schokoladen-Ingwer-Eis

Eine Spezialität für Liebhaber kompromißloser Eiscreme, geschichtet aus Schokoladeneis, Ingwerkuchen und locker geschlagener Sahne

FÜR 2 PERSONEN

75 g Ingwerkuchen
50 g Ingwerstiele in Sirup
150 ml (2/3 Tasse) Schlagsahne
1 Eßlöffel feiner Kristallzucker
30 ml (2 Eßlöffel) Grand Marnier (nach Belieben)
500 ml Schokoladeneis
1 kandierte Kirsche
2 kandierte Mimosenbällchen
75 ml (1/3 Tasse) geschlagene Sahne
2 Blättchen Milchschokolade

Den Ingwerkuchen in Scheiben schneiden und mit dem Ingwersirup tränken. Die Sahne in einer sauberen Schüssel locker schlagen, mit Zucker süßen und mit Grand Marnier aromatisieren (nach Belieben).

Ingwerkuchenscheiben, Schokoladeneis und gesüßte Sahne abwechselnd in einem großen Eisbecher schichten (oder zwei Eisbecher verwenden).

Zwei Ingwerstücke in Herzform schneiden, die kandierte Kirsche halbieren, den Rand zickzackförmig einschneiden. Auf zwei Zahnstocher oder Cocktailspieße stecken und jeden mit einem Mimosenbällchen dekorieren.

Das Eis mit einer Haube aus geschlagener Sahne und den Schokoladenblättchen dekorieren.

HEISSES SCHOKOLADENSOUFFLÉ

Die Herstellung eines perfekten Soufflés zu erlernen ist keine Kunst. Es ist eher wie Fahrradfahren: Wenn man es einmal beherrscht, verlernt man es nie wieder.

FÜR 4 PERSONEN

Für die Form:
weiche Butter zum Einfetten
etwas feiner Kristallzucker zum Überstäuben

Für das Soufflé:
300 ml (1 1/4 Tassen) Milch
6 Eier, getrennt
5 Eßlöffel feiner Kristallzucker
4 Eßlöffel Mehl
2 Eßlöffel Kakao
30 ml (2 Eßlöffel) dunkler Rum
50 g Schokoladenchips, halbbitter
Puderzucker zum Überstäuben

Eine 900 ml fassende Soufflé-Form oder 4 kleine Soufflé-Förmchen, die jeweils 300 ml fassen, bereitstellen. Den Backofen auf 190 Grad vorheizen. Die Innenseite der Förmchen dünn und gleichmäßig mit zwei Fingern mit der weichen Butter einfetten. Mit dem Kristallzucker bestäuben und zur Seite stellen.

50 ml (1/4 Tasse) Milch in eine Schüssel geben. Die Eidotter, 2 Eßlöffel Zucker, das Mehl, den Kakao sowie den Rum hinzufügen und glattrühren. Die restliche Milch zum Kochen bringen, über die Eimischung geben und gleichmäßig verrühren. Die Mischung zurück in den Topf geben und bei schwacher Hitze so lange rühren, bis sie dick wird. Zudecken, damit sie warm bleibt.

Das Eiweiß in einer Schüssel steif schlagen. Nach und nach die restlichen 3 Eßlöffel Zucker hinzufügen und weiterschlagen, bis das Eiweiß fest und glänzend ist. Einen Löffel des geschlagenen Eiweißes in die heiße Schokoladenmischung rühren und kurz glattrühren. Die Schokoladenmischung

und die Schokoladenchips vorsichtig mit einem großen Metall-Löffel unter das Eiweiß ziehen. Die Mischung in die vorbereitete Form oder in die Formen füllen. Das große Soufflé 20 Minuten backen, die kleineren 8 Minuten. (Die Gäste sollten bereits am Tisch sitzen, wenn das Soufflé fertig ist.) Die Oberfläche mit gesiebtem Puderzucker bestäuben und sofort servieren.

SCHOKOLADE – FAKTEN UND VERMUTUNGEN

Aus Liebe oder aus Kummer - Geschichten über die Schokolade

Man hat behauptet, daß das intensive Wohlgefühl beim Schokoladeessen dem des Verliebtseins ähnelt. Inzwischen akzeptieren auch Wissenschaftler, daß an dieser Theorie etwas Wahres sein könnte. Reine Schokolade enthält Phenyläthylamin, eine Chemikalie, die der Körper produziert und die ein Hochgefühl wie beim Verliebtsein auslöst. Es ist deshalb vielleicht kein Zufall, daß Schokolade seit vielen Jahrzehnten das klassische Geschenk für die Angebetete ist.

Schokolade hat die wunderbare Eigenschaft, im Mund langsam zu zerschmelzen. Kakaobutter ist bei Raumtemperatur fest, ihr Schmelzpunkt liegt jedoch knapp unter der menschlichen Körpertemperatur. Mit anderen Worten: Wenn man ein Stück Schokolade in den Mund steckt, zerschmilzt es und gibt dabei sein volles Aroma frei. Warum wir dieses Gefühl so lieben, ist nicht klar. Butter, Sahne oder Mayonnaise haben einen ähnlichen Effekt, doch den größten Genuß erleben wir beim Verzehr von Schokolade.

Schokolade ist eines der vollkommensten Lebensmittel. Sie ist reich an Kohlenhydraten, pflanzlichen Ölen, Eiweiß, Kalzium, B-Vitaminen sowie verschiedenen Mineralien, einschließlich Eisen. Schokolade enthält Theobromin, ein Stimulans, ähnlich dem Koffein (das in Schokolade ebenfalls enthalten ist), allerdings milder wirkt.

Bei einigen weniger glücklichen Menschen kann Schokolade Kopfschmerzen oder Migräne hervorrufen. Möglicherweise ist dies auf das Tyramin zurückzuführen, das ein Zusammenziehen der Blutgefäße im Kopf bewirken kann.

In der Vergangenheit wurde Schokolade sogar für ein starkes Aphrodisiakum gehalten. Der aztekische Herrscher Montezuma II. trank jedesmal, bevor er seinen Harem besuchte, aus einem goldenen Becher von diesem schäumenden Getränk, um seine Kraft und seine Weisheit zu stärken.

Heute kommt die beliebteste Schokolade aus Belgien oder Frankreich. Vor allem die Belgier haben die Kunst der Schokoladenherstellung perfektioniert. In Lüttich wird die weltberühmte Godiva-Schokolade hergestellt. England, das bis vor kurzem nicht gerade berühmt für seine Schokolade war, wird nun langsam ebenfalls für seine Süßwaren bekannt.

Die Quäker glaubten, daß Schokolade eine mögliche Alternative zum Alkohol sein könnte, und viele der ersten Schokoladenfabriken wie Fry's und Cadbury's in England wurden von reichen Quäker-Familien gegründet, um den Alkoholkonsum einzudämmen.

Das Lagern von Schokolade

Schokolade nimmt schnell Gerüche an und darf niemals feucht gelagert werden. Sie sollte gut verpackt in einem luftdichten Behälter und an einem kühlen Ort aufbewahrt werden.

PLÄTZCHEN MIT SCHOKOLADENCHIPS

Selbstgemachte Schokoladenkekse haben in Amerika eine lange Tradition. Mit diesem einfachen Rezept gelingt es Ihnen, in kürzester Zeit eine ansehnliche Menge Plätzchen zu backen.

FÜR 12 SCHOKOLADENPLÄTZCHEN

weiche Butter zum Einfetten
150 g (1 1/4 Tassen) Mehl
1/2 Teelöffel Backpulver
1/2 Teelöffel Salz
115 g (3/4 Tasse) weicher hellbrauner Zucker
75 g (1/3 Tasse) weiche Butter
50 g (3 Eßlöffel) weiche Erdnußbutter
1 Ei
1/2 Teelöffel Vanilleextrakt
75 g Schokoladenchips

Den Backofen auf 190 Grad vorheizen. Zwei Backbleche mit weicher Butter einfetten und beiseite stellen.

Das mit dem Backpulver vermischte Mehl und das Salz in eine Schüssel sieben. Alle anderen Zutaten bis auf die Schokoladenchips dazugeben. Die Zutaten mit einem Holzlöffel zu einem glatten Teig verrühren, dann die Schokoladenchips unterrühren.

Den Teig eßlöffelweise in 5 cm Abstand auf die Backbleche geben und mit einem Spachtel (Streichmesser) flachdrücken. Jeweils ein Blech in den Ofen schieben und 10-12 Minuten backen.

Kurz auskühlen lassen, mit einem Spachtel auf ein Kuchengitter heben und völlig auskühlen lassen. Die Kekse können in einem luftdichten Behälter bis zu 10 Tage aufbewahrt werden.

Zweifarbige Schokoladenmuffins

Machen Sie diese köstlichen Muffins so klein wie möglich, damit jeder so viele essen kann, wie er mag, ohne das Gefühl zu haben, die Schlemmerei zu übertreiben.

Für 24 Muffins

75 g weiße Schokolade, kleine Stücke
75 g Halbbitterschokolade, kleine Stücke
60 ml (4 Eßlöffel) Rum, Whisky oder Grand Marnier
50 g weiche Butter
50 g (1/4 Tasse) feiner Kristallzucker
50 g weißes Marzipan, angewärmt
3 Eier, zimmerwarm, geschlagen
115 g (1 Tasse) Mehl
1/2 Teelöffel Backpulver
1 Prise Salz
1/2 Orange (kleine Stückchen)

Den Backofen auf 180 Grad vorheizen. Zwei Antihaft-Muffin-Formen mit je 12 Vertiefungen bereitstellen. Falls die Formen keine Antihaftbeschichtung haben, die Vertiefungen mit Papierförmchen auskleiden.

Die weiße und die dunkle Schokolade in zwei verschiedenen Schüsseln über zwei Töpfen mit leicht siedendem Wasser schmelzen. In jeden der Töpfe 30 ml (2 Eßlöffel) Alkohol geben und unterrühren. Butter, Zucker und Marzipan in einer Schüssel verrühren. Die Eier nach und nach unterziehen, dann das mit dem Backpulver vermischte, gesiebte Mehl, das Salz und die Orangenstückchen vorsichtig unterziehen.

Die Masse in zwei gleich große Portionen teilen. Die geschmolzene weiße Schokolade in die eine Portion rühren, die dunkle Schokolade in die andere. Die Muffin-Formen zu drei Vierteln abwechselnd mit einem Löffel weißem und einem Löffel dunklem Teig füllen und 20-25 Minuten backen, bis der Teig gut aufgegangen und elastisch ist.

Schokoladen-Pekannuss-Brownies

Von diesen verführerischen Brownies kann man nicht genug bekommen …

FÜR 9 BROWNIES

115 g Halbbitterschokolade, in Stücke gebrochen
115 g Butter, in Stücke geschnitten
175 g (1 Tasse) weicher hellbrauner Zucker
2 Eier, geschlagen
50 g (1/2 Tasse) Mehl
1 1/2 Teelöffel Backpulver
1 Prise Salz
50 g (1/2 Tasse) gehackte Pekannüsse

Den Backofen auf 180 Grad vorheizen. Eine ca. 23 x 23 cm große Kuchenform leicht einölen und den Boden mit Backpapier auslegen.

Die Schokolade in einer Schüssel über einem Topf mit leicht siedendem Wasser schmelzen. Den Topf von der Kochstelle nehmen, Butter und Zucker hinzufügen und mit einem Holzlöffel glattrühren. Dann die Eier einrühren. Das mit dem Backpulver vermischte und gesiebte Mehl sowie das Salz hinzugeben, dann die Nüsse, anschließend gut verrühren. Den Teig in die ausgelegte Kuchenform geben und 30 Minuten backen.

Auskühlen lassen, dann den Kuchen in Rechtecke zerschneiden.

SCHOKOLADEN-PROFIT-ECLAIRS

Eine verlockende Köstlichkeit - gefüllte Eclairs mit einem Überzug aus süßer Schokoladensauce.

FÜR 4 PERSONEN

Für den Brandteig:
225 ml (1 Tasse) Wasser
50 g Butter
115 g (1 Tasse) Mehl
3 Eier, geschlagen

Für die Schokoladensauce:
150 ml (2/3 Tasse) Sahne
1 Eßlöffel feiner Kristallzucker
175 g Halbbitterschokolade

Für die Füllung:
300 ml (1 1/4 Tassen) Schlagsahne
2 Eßlöffel Vanillezucker

Den Backofen auf 200 Grad vorheizen. Zwei Backbleche leicht einfetten. Für den Brandteig das Wasser und die Butter in einem schweren Topf zum Kochen bringen. Das Mehl hinzugeben und gut schlagen, bis die Mischung einen festen Teig bildet. Den Teig in eine Schüssel umfüllen und für kurze Zeit kalt stellen. Die Eier nach und nach hinzugeben und gut verrühren, bis der Teig glatt ist.

Die Mischung in eine Spritztüte mit einer einfachen Tülle von 1 cm Durchmesser füllen. Etwa 30 Eclair-Formen mit 5 cm Länge in einem Abstand von 2,5 cm auf die Backbleche spritzen. Jeweils ein Blech 30-35 Minuten backen, bis die Eclairs knusprig sind.

Für die Schokoladensauce die Sahne und den Zucker in einem kleinen Topf zum Kochen bringen. Den Topf von der Kochstelle nehmen und die Schokolade dazugeben. Rühren, bis die Schokolade geschmolzen ist.

Für die Füllung die Sahne mit dem Zucker steif schlagen. Die Eclairs aufschneiden und mit einer Spritztüte die Sahne in die Eclairs spritzen. Vor dem Servieren den Deckel jedes Eclairs in die Schokoladensauce tauchen.

KALTER HUND

Für diese Köstlichkeit müssen Biskuits und geschmolzene Schokolade in einer Form geschichtet werden. Hier ist Ausdauer gefragt!

FÜR 1 KUCHEN:

400 g Halbbitterschokolade, in Stücke gebrochen
250 g Vollkornkekse (Grahamcracker), in Stücke gebrochen

Für die Dekoration:
Schokoladen-Löffelbiskuits
kleine Schokoladendragees
etwas geschmolzene Schokolade zum Festkleben

Eine kleine Kastenform mit Frischhaltefolie auslegen. Die Halbbitterschokolade in einer Schüssel über einem Topf mit leicht siedendem Wasser schmelzen.

Die zerbrochenen Vollkornkekse (Cracker) hinzufügen, verrühren und die Mischung in die vorbereitete Form geben. Etwa 30 Minuten kalt stellen, bis sie fest geworden ist.

Den Block aus der Form lösen, die Folie entfernen. Die Schokoladenmasse in Scheiben schneiden, einige Scheiben halbieren, die später die "Köpfe" bilden sollen. Ein Stück Löffelbiskuit für die Augen verwenden, dann die Schokoladendragees mit geschmolzener Schokolade daraufkleben.

Die "Köpfe" mit etwas geschmolzener Schokolade auf den "Körper"-Scheiben befestigen. Die Schokoladen-Löffelbiskuits halbieren und mit etwas geschmolzener Schokolade als "Schwanz" an jedem "Hund" befestigen. Vor dem Servieren fest werden lassen.

WHISKYTRÜFFEL

Für selbstgemachte Süßigkeiten kann man fast jede Spirituose verwenden. Whisky wird jedoch bevorzugt und dient hier zur Verfeinerung eines sündhaft köstlichen Konfekts.

FÜR 36 TRÜFFEL
225 g Halbbitterschokolade, in Stücke gebrochen
45 ml (3 EL) Sahne
45 ml (3 EL) Whisky

Für den Überzug:
225 g sehr gute Halbbitterschokolade, in Stücke gebrochen

Für die Füllung die Schokolade in einer Schüssel über siedendem Wasser schmelzen. Die Sahne und den Whisky dazugeben und gleichmäßig verrühren. Die Mischung auf Zimmertemperatur abkühlen lassen, so daß sie fest wird.

Ein Tablett mit Backpapier auslegen. Die Masse mit einem Löffel in daumengroßen Stücken auf das Papier geben und kalt stellen, damit sie fest wird. Wenn die Masse fest ist, zu kleinen Bällchen rollen und in den Kühlschrank stellen.

Die Schokolade für den Überzug wie oben beschrieben schmelzen. Nur einige Bällchen der Füllung aus dem Kühlschrank nehmen, damit die übrigen nicht weich werden. Die Bällchen mit einer Pralinengabel einzeln in die Schokolade tauchen, bis sie ganz eingehüllt sind, und auf einem Stück Butterbrotpapier trocknen lassen.

Champagnertrüffel

Echte Champagnertrüffel werden mit Cognac parfümiert und nicht mit prickelndem Champagner. Der beste Cognac stammt aus der Grande Champagne im Südwesten Frankreichs.

Für 36 Trüffel

Für die Füllung:
250 g sehr gute Halbbitterschokolade, in Stücke gebrochen
45 ml (3 EL) Sahne
45 ml (3 EL) sehr guter Cognac

Für den Überzug:
225 g Halbbitterschokolade, in Stücke gebrochen
3 EL Puderzucker

Für die Füllung die Schokolade in einer Schüssel über leicht siedendem Wasser schmelzen. Die Sahne und den Cognac dazugeben und gleichmäßig verrühren. Die Masse auf Zimmertemperatur abkühlen lassen, damit sie fest wird. (Bei warmem Wetter kurz in den Kühlschrank stellen. Achten Sie jedoch darauf, daß die Masse geschmeidig bleibt.)

Ein Tablett mit Backpapier auslegen. Die Masse in eine Spritztüte mit sternförmiger Tülle mit 1 cm Durchmesser geben und lange Streifen auf das Papier spritzen. Kalt stellen, damit die Streifen fest werden.

Für den Überzug die Schokolade langsam in einer Schüssel über leicht siedendem Wasser schmelzen, darauf achten, daß die Schokolade nur so warm wird, daß man den Finger noch eintauchen kann.

Die Füllung in 4 cm lange Stücke schneiden und den Puderzucker auf einem großen Teller verteilen. Die Füllung bis auf wenige Stücke in den Kühlschrank zurückstellen, damit sie nicht weich wird. Die Trüffel mit einer Pralinengabel nacheinander in die geschmolzene Schokolade tauchen, dann in Puderzucker wälzen. Kühl und trocken aufbewahren.

SCHOKOLADENKÜSSCHEN

Kleine Häppchen, mit Schokolade überzogen, sind genau das richtige für Schokoladensüchtige und ihren unstillbaren Appetit auf Süßes.

FÜR DEN ÜBERZUG:
350 g Halbbitterschokolade, in Stücke gebrochen

Für die Füllung:
50 g ganze Mandeln
50 g ganze Paranüsse
50 g Datteln, entsteint
50 g Marzipan

Für den Überzug die Schokolade entsprechend dem Rezept auf Seite 77 härten. Nachdem die Schokolade wieder in die Schüssel über siedendem Wasser gegeben wurde, eine Nuß oder Mandel nehmen und mit den Fingern oder einer Pralinengabel in die Schokolade tauchen. Wenn die Nuß bzw. Mandel vollständig mit Schokolade überzogen ist, die überschüssige Schokolade abtropfen lassen und sie zum Trocknen auf Backpapier legen. Das Eintunken wiederholen, bis alle Nüsse und Mandeln mit Schokolade überzogen sind.

Die Datteln öffnen und jede mit einem würstchenförmigen Streifen Marzipan füllen. Die gefüllten Datteln nacheinander in die Schokolade tauchen und zum Trocknen auf Backpapier legen.

ZWEIFARBIGE SCHOKOLADENFONDANTS

Für diese außergewöhnlichen Fondants benötigt man weiße und dunkle Schokolade sowie Pistazien, Kirschen und Rumrosinen.

FÜR JEWEILS 675 G WEIẞE UND DUNKLE FONDANTS

weiche Butter zum Einfetten

Für die dunklen Fondants:

25 g (1/4 Tasse) Rosinen

30 ml (2 EL) dunkler Rum

450 g (2 Tassen) Kristallzucker

75 ml (1/3 Tasse) Milch

50 g Butter

175 g Halbbitterschokolade

Für die weißen Fondants:

450 g (2 Tassen) Kristallzucker

75 ml (1/3 Tasse) Milch

50 g Butter

175 g weiße Schokolade, in Stücke gebrochen

25 g ungesalzene Pistazien, geschält

15 g (1 EL) kandierte Kirschen

Zwei flache, quadratische ca. 20 cm lange Kuchenformen mit Butter ausstreichen. Die Rosinen 1 Stunde im Rum ziehen lassen.

Für die dunklen Fondants den Zucker und die Milch in einem schweren Kochtopf bei mittlerer Hitze verrühren, bis der Zucker sich aufgelöst hat. Die Butter und die Halbbitterschokolade hinzufügen, dann rühren, bis auf dem Zuckerthermometer eine Temperatur von 110 Grad erreicht ist. Die Rosinen und den Rum zugeben. Die Mischung in eine der Formen gießen, glattstreichen und fest werden lassen.

Die weißen Fondants wie die dunklen zubereiten. Die Pistazien und die Kirschen hinzugeben. Die Masse in der zweiten vorbereiteten Form fest werden lassen. Anschließend die Fondants in Quadrate schneiden.

Heisser Schokoladentoddy

Schokoladenliebhaber brauchen keine förmliche Einladung, um sich in dieses aromatische Schokoladenerlebnis zu stürzen ....

FÜR 2 PERSONEN

115 g Halbbitterschokolade, in Stücke gebrochen
1 Eigelb
30 ml (2 EL) dunkler Rum
1/2 TL Senfkornpulver (nach Belieben)
200 ml Milch
120 ml (1/2 Tasse) Sahne

Für die Dekoration:
geschlagene Sahne
Kakaopulver

Schokolade, Eigelb, Rum und Senfkornpulver (nach Belieben) in einem Mixer verrühren (eine kleine Menge Senfkornpulver verstärkt den Schokoladengeschmack, ohne ihn zu überlagern).

Einen kleinen Topf mit kaltem Wasser ausspülen, Milch und Sahne hineingeben, zum Sieden bringen, anschließend mit der Schokoladen-Eigelbmasse verrühren und schaumig schlagen. Die Toddys in 2 feuerfeste Gläser oder Becher füllen, mit geschlagener Sahne krönen und mit Kakaopulver überstäuben.

DEKORIEREN MIT SCHOKOLADE

Schokolade kann auf viele originelle und interessante Weisen zur Dekoration von Kuchen, Plätzchen, Desserts und Pralinen verwendet werden.

SCHOKOLADENRASPEL ODER -FLOCKEN

Raspel oder Flocken sehen sehr attraktiv aus und sind schnell und einfach herzustellen. Verwenden Sie eine dicke Tafel Schokolade bei Raumtemperatur: Wenn die Schokolade zu kalt und hart ist, zerbricht sie, ist sie zu warm und weich, verlieren die Raspel ihre Form. Arbeiten Sie mit einem scharfen Kartoffelschäler, und raspeln Sie die Schokolade in ansehnliche Flocken.

Bevorzugen Sie große Flocken, raspeln Sie die Schokolade auf der glatten, ungeriefelten Seite. Für kleinere Flocken drehen Sie die Tafel auf die Seite und raspeln entlang der schmalen Seite.

SCHOKOLADENRÖLLCHEN ODER -SPÄNE

Breite Schokoladenröllchen sehen sehr attraktiv aus. Schmelzen Sie Kuvertüre oder gehärtete Schokolade , und schütten Sie sie auf eine kalte, ebene Fläche (z.B. eine Marmor- oder Kunststoffplatte). Verstreichen Sie sie gleichmäßig, bis sie dünner als 5 mm ist. Lassen Sie sie etwas abkühlen, sie sollte jedoch geschmeidig bleiben.

Mit einem langen, scharfen Messer (oder einem Spachtel), das in einem Winkel von 45 Grad angesetzt wird, schabt man dann vom Körper weg über die Schokoladenoberfläche, so daß breite Rollen entstehen. Für kleinere Röllchen verwendet man ein kleineres Messer.

Um die Rollen nicht zu zerdrücken, sollte man sie auf einen Bogen Backpapier legen und vor der Verwendung in den Kühlschrank legen.

SCHOKOLADENBLÄTTER

Blätter sind eine sehr hübsche Dekoration und ganz einfach herzustellen. Waschen und trocknen Sie die Blätter, die Sie verwenden wollen - ideal sind Rosenblätter, denn sie haben eine schöne Form und eine auffällige Aderung. Tauchen Sie die Unterseite des Blattes in geschmolzene Schokolade, so daß ein gleichmäßiger Überzug entsteht (man kann die Schokolade auch mit einem Pinsel auftragen). Lassen Sie die Blätter auf sauberem Backpapier trocknen, ziehen Sie anschließend vorsichtig die Rosenblätter ab.

SCHOKOLADE HÄRTEN

Das Härten von Qualitätsschokolade sorgt dafür, daß sie richtig fest wird und den richtigen Biß erhält.

Die Schokolade zunächst in einer Schüssel über leicht siedendem Wasser schmelzen. Dabei sollte sie nur so warm werden, daß man den Finger noch eintauchen kann. Dann die Schokolade auf eine saubere, glatte Kunststoff- oder Marmorplatte gießen und mit einem Spachtel (Streichmesser) verstreichen, bis sie fest, aber nicht völlig hart ist. Die Schokolade anschließend in die Schüssel zurückgeben und vorsichtig 5-10 Sekunden lang erhitzen. Sorgfältig rühren, bis sie eine gleichmäßige Konsistenz hat. Wenn die Temperatur 30 Grad übersteigt, wird die Schokolade später nicht mehr richtig fest.